In Noahs Arche

Ein Projekt des Kunstraum Norten und der Kunstschule Gelsenkirchen
mit den Künstlern Beth Adams-Ray und Florian Söll

Norten-Stiftung und Kunstschule Gelsenkirchen e.V. (Hrsg.)

Impressum

Herausgeber:
Norten-Stiftung und Kunstschule Gelsenkirchen e.V.

Gestaltungskonzept und Layout:
Fortmann-Rohleder Grafik.Design, Dortmund
www.fortmann-rohleder.de

Alle Inhalte sind urheberrechtlich geschützt.
© 2022 Beth Adams-Ray und Florian Söll

Herstellung und Verlag:
BoD – Books on Demand, Norderstedt

ISBN 9783756860159

Auf ein Wort!

Liebe Besucherinnen,
liebe Besucher,
Sie befinden sich in einem außergewöhnlichen Kunstraum, der zurzeit eine außergewöhnliche Ausstellung „In Noahs Arche" beherbergt.

Zwischen der Kunstschule Gelsenkirchen und der Norten-Stiftung besteht schon seit einiger Zeit eine enge Kooperation: Der Kunstraum Norten ermöglicht, es Künstlern und Künstlerinnen, ihre Arbeiten zu präsentieren, hier kann die Kunstschule Kurse anbieten, hier können Kinder, Jugendliche und Erwachsene temporär Gelegenheit erhalten, selbst kreativ tätig zu werden. Das Bildungsverständnis der Kunstschule ist ein ganzheitliches, so sollen künstlerisch-experimentelle Freiräume eröffnet und verschiedene künstlerische Sparten miteinander vernetzt werden. Der Kunstraum Norten bietet sich somit hervorragend - auch für die Kunstschule – an als ein Ort an dem dies alles geschehen darf.

**Wie ist es zu der Ausstellung „In Noahs Arche"
im Kunstraum Norten gekommen?**

Durch enge private Kontakte zu den Künstlern Dr. Florian Söll und Beth Adams-Ray und zur Gesamtschule Waltrop ist es uns gelungen, diese besonderen Wandbilder hierher zu bringen.

Die beiden Künstler haben sich von mittelalterlichen Wandmalereien in schwedischen Kirchen inspirieren lassen: Daraus entstand die Idee, mit Schülern und Schülerinnen der Gesamtschule Waltrop ein Projekt zu entwickeln, sie für das Thema zu sensibilisieren und es künstlerisch umzusetzen.

Mit dem archaischen Thema „Arche Noah", welches auf längst vergangene Zeit und eine längst vergangene Katastrophe zu verweisen scheint, ist aber noch viel mehr gelungen: Es ist eine außergewöhnliche Anschlussfähigkeit an das Jetzt erreicht worden, haben sich doch in der Projektphase (2018) die Mahnungen vor der drohenden Klimakatastrophe potenziert. Es war die Zeit, als Greta Thunberg „Fridays for Future" und andere weltbekannt wurden. Es war auch die Zeit, in der das Thema und seine Folgen, Dürre, Überschwemmungen und mehr, die Agenda zahlreicher Organisationen und Regierungen weltweit beherrschten. Heute ist die Thematik aktueller und dramatischer denn je: Die Darstellungen auf den Wandbildern spiegeln den Zustand unserer heutigen Welt, denn die derzeitigen Problemlagen sind weltweit gewachsen: Krieg, Hunger, Ungerechtigkeiten, Gesundheits- und Versorgungskrisen beunruhigen und verunsichern, vor allem die Menschen in Europa.

„In Noahs Arche" richtet sich an Kinder, Jugendliche und Erwachsene. Wir laden vor allem Kitas, Schulen und Jugendeinrichtungen in Gelsenkirchen ein, sich hier vor Ort mit ihren Klassen, Kursen und Gruppen den Darstellungen inhaltlich zu nähern, Zugänge zu finden und sich auszutauschen. Einige Schulen haben bereits angekündigt, die Thematik künstlerisch aufzugreifen und ihre Arbeiten später ebenfalls im Kunstraum Norten zu präsentieren. Auch der Zugang zu den Darstellungen „In Noahs Arche" über den Aspekt der Interreligiosität zu finden, liegt auf der Hand: In den drei Religionen Christentum, Judentum und Islam wird Noah erwähnt, hier gibt es Gemeinsamkeiten und Unterschiede, die es zu ergründen lohnt. Hierzu organisieren wir in 2023 einen Vortrag von Prof. Dr. Dietz.

Es ist im Fall von „In Noahs Arche" vor allem die Anschlussfähigkeit an die heutige Zeit, die auch die Anschlussfähigkeit im Raum ermöglicht. Es ist außerordentlich erfreulich, dass sich die Ausstellung als ein Projekt erweist, dessen Ende nicht abgeschlossen zu sein scheint. Es ehrt die Künstler und die Gesamtschule Waltrop, dass die Wandbilder auch an anderen Orten zu sehen waren (Kulturforum Kapelle in Waltrop, beim Regierungspräsidenten in Münster, in einer Kirche in Essen).

Brigitta Blömeke

Vorsitzende der Kunstschule
Gelsenkirchen

Dr. Rainer Norten

Kunstraum Norten
Norten-Stiftung

Unser ganz besonderer Dank gilt somit Beth Adams-Ray und Dr. Florian Söll, sowie der Gesamtschule Waltrop.

Die Stadtmaler

Liebe Besucherinnen und Besucher,

das Stadtmaler-Projekt „In Noahs Arche" ist ein Projekt
der Superlative. Über 300 Schüler, mehr als 600 Tiere auf
mindestens 500 Metern Papier, viele Liter Farbe, mehr als
15 Lehrerinnen und Lehrer, um die 45 Treffen und circa 150
Kannen Kaffee waren erforderlich um eine Ausstellung dieser Größe zu realisieren. Dabei fing alles recht klein an und
wuchs dann von dem Konzept „zwei von jeder Art" schnell
zu dem dichten Gedränge von in Anspannung abwartenden
Tieren, die Sie hier in der Arche antreffen.

Ähnlich den Tieren betraten auch viele Schülerinnen und
Schüler mit dem Start des Projekts eine andere Welt, die
ihnen eine Vielzahl ästhetischer Erfahrungen ermöglichte.
Voller Tatendurst, etwas unsicher oder gar planerisch distan-
ziert – die Herangehensweisen der Teilnehmenden waren
so grundverschieden wie die Tiere, die Sie hier sehen.

Es gelang in Zusammenarbeit mit Beth Adams-Ray und
Florian Söll eine Identifikation der Schülerinnen und Schüler
mit dem Projekt zu schaffen, die ihresgleichen sucht. Klare
gestalterische Vorgaben und die immense Menge an Möglichkeiten stießen bei den Klassen und Kursen auf enorme
Resonanz. Durch die Beschäftigung mit den Tieren entstan-

den persönliche Beziehungen und so kam es nicht selten
vor, dass Tiere Namen erhielten und Gruppen regelmäßig im
Atelier vorbeikamen um herauszufinden, wie es Eduard, dem
Pinguin oder Coco und Billy, dem Koalabären, ging. Durch die
Begeisterung am Projekt wuchsen die jungen Künstlerinnen
und Künstler, die zum Teil noch nie mit so großen Formaten
gearbeitet hatten, über sich hinaus. Selbst die Zeit nach
Schulschluss und die Ferien widmeten sie „ihren Tieren".

Stadtmaler ist ein Projekt, welches Chancen entstehen lässt – Chancen für Schülerinnen und Schüler mit professionellen Kunstschaffenden zusammenzuarbeiten und sich künstlerisch und schöpferisch auszuprobieren, Chancen für junge Menschen, ein Teil eines Gesamtkunstwerks zu werden, Chancen für Lehrende, Inspirationen und neue Impulse für den Unterricht und ihre eigenen künstlerischen Tätigkeiten zu erlangen, Chancen der Zusammenarbeit von Künstlerinnen und Künstlern, der Gesamtschule Waltrop, der Volkshochschule Waltrop, dem Verein Pro Kapelle e.V., Demokratie leben!, Gelsenwasser, der Sparkasse Vest Recklinghausen, der Bezirksregierung Münster und den vielen weiteren Partnern, denen unser herzlichster Dank gilt.

„In Noahs Arche" bietet auch Ihnen Chancen. Sie sind eingeladen ins Gespräch zu kommen und Tiere von Nahem zu betrachten, denen sie sonst nicht so nahe kommen.

Ergreifen Sie ihre Chance, wir hätten Sie gerne wieder mit im Boot, wenn es mit dem Stadtmaler-Projekt auf zu neuen Zielen geht.

Silvia Klein,
Projektleiterin Stadtmaler – Gesamtschule Waltrop

Waltroper Stadtmaler

Seit 25 Jahren findet das Projekt Stadtmaler jährlich in der Kooperation von Künstlern, der Gesamtschule, verschiedenen Partnern und der Stadt Waltrop statt. Künstler arbeiten mit Schüler*innen und Lehrer*innen der Gesamtschule zusammen und präsentieren ihre Ergebnisse in gemeinsamen Ausstellungen und Aktionen.

Es ist das Ziel des Projekts, Schüler*innen mit zeitgenössischen Künstlern zusammenzubringen, sich von ihrer besonderen Art, Kunst zu schaffen, anregen zu lassen, unter Begleitung der Künstler eigene Versuche zu erproben und ihre Ergebnisse öffentlich zu präsentieren.

Ausgangspunkt war und ist dabei immer die Berufung eines Stadtmalers, der für eine bestimmte Zeit ein Atelier in einer Schule bezieht – sich dann mit den Menschen, der Region, der vorgefundenen Situation und der Erwartungshaltung konfrontiert sieht. Im Gepäck haben die Künstler ihren Background, ihre Sicht- und Arbeitsweise, manchmal eine Idee sowie den Zeitgeist.

Das diesjährige Archeprojekt mit Beth Adams-Ray, Florian Söll und der neuen Projektleiterin Silvia Klein ist dabei mit Thema, Struktur und Potenzial ein würdiges Jubiläumsprojekt.

Michael Ogiermann
Initiator des Stadtmaler-Projekts

Von der Idee ...

Von der Idee zur Präsentation

Anfangs war die Idee zu diesem Projekt relativ offen: Wir wollten die Wände im Kulturforum in der ehemaligen Krankenhauskapelle in Waltrop mit Bildern zum Thema „Arche Noah" gestalten.

Durch unsere Besuche in einigen kleinen Kirchen in der Nähe des Mälarsees in Schweden wussten wir, wie es wirkt, wenn biblische Geschichten (in denen nicht selten Tiere eine Rolle spielen) an die Wände gemalt werden. Der Maler Albertus Pictor hat es dort vor mehr als 500 Jahren vorgemacht.

Gesucht wurde ein geeigneter Raum für unser Vorhaben.

Nachdem wir als Stadtmaler nominiert wurden, nahmen wir Kontakt zum Vorstand des Kulturforums Kapelle auf. Mit einer ersten Skizze versuchten wir zu konkretisieren, wie wir uns eine Präsentation in der Kapelle vorstellten.

Noch im November 2018 gab der Vorstand grünes Licht für das Vorhaben. Die Gesamtschule Waltrop stellte uns als Stadtmaler einen großen Raum als Atelier für das Projekt zur Verfügung.

Die Verknüpfung unserer Idee mit der Schule

Die Vor- und Nachgeschichte der Sintflut gibt es in zahlrei-
chen Darstellungen in Bildern und Filmen. Unser Ziel ist
die Darstellung der Tiere **in** der Arche. Dabei ist eine Ein-
beziehung der Schülerinnen und Schüler gut möglich. Die
Kunstpädagogen der Gesamtschule wurden durch einen
Workshop zu Beginn der praktischen Phase des Projekts
von uns in die Arbeit einbezogen. Um die Herausforderun-
gen des Themas und unseres Vorschlages kennenzulernen,
haben die Fachkollegen selbst Tierdarstellungen für das
Projekt nach den gleichen Maßgaben und mit den gleichen
Materialien erstellt, wie sie von den Schulklassen erwar-
tet wurden. Die Bilder der Lehrerinnen und Lehrer wurden
später – genau wie die aller Beteiligten – in die Collagen
einbezogen.

Materialien und Techniken

Zunächst aber galt es zu klären, welche Materialien und
Techniken für eine solche Bildserie geeignet sind. Nach
einigen Versuchen haben wir uns für folgende Materialien
entschieden:

Beth Adams-Ray

*1948 in Stockholm, Schweden
1971–1985 Lehrerin in der Stadt Lidingö.
1985 Übersiedlung nach Deutschland.
Journalistisch tätig beim Deutschlandfunk
und für Zeitungen in Schweden.

1999–2013 Erasmuskoordinatorin im Inter-
national Office der Universität Paderborn.

Ateliers in Bro (Schweden) und Waltrop,
Ausstellungen und kulturelle Projekte seit
1987 im In- und Ausland

gemeinsam mit:

Florian Söll, Dr. phil.

*1950 in Wiesbaden, 1972–1995 Lehrer an
verschiedenen Schulformen für die Fächer
Kunst und Geschichte.

1989–92 Leiter der Jugendkunstschule Köln.
Ab 1995 Dozent in der Lehrerausbildung an
den Universitäten Paderborn und Bremen.

Seit 2008 Professor für
Allgemeine Didaktik und Schulpädagogik
an der Universität Paderborn.

2013 Eintritt in den Ruhestand.
Heute aktiv als Berater und als Maler.

Als Hintergrund für die Collagen wurde ein schwarzer Mol-
tonstoff gewählt. Gemalt und gezeichnet wurde auf stra-
pazierfähiges Papier. Der Stoff und das Papier sind schwer
entflammbar. Zum Malen und Zeichnen wurde schwarze
Tusche, deckende Wasserfarben (Gouache schwarz/weiß)
sowie Wachsmalkreiden (s/w sowie verschiedene Grautöne)
verwendet. Wir rechneten mit sehr unterschiedlichen
Schülerarbeiten und haben die Beschränkung auf Schwarz-,
Weiß- und Grautöne bewusst vorgeschlagen: In der Arche
muss es finster gewesen sein, nur von wenigen Öffnungen
ist die Rede. Draußen herrscht das Chaos, das alles auslö-
schende Unwetter. Der schwarze Hintergrund ist inhaltlich
angemessen und verleiht den Collagen auch räumliche
Tiefe. Die sehr vielfältigen Schwarz-Weiß-Bilder leichter als
verschiedenartige Farbbilder miteinander zu verknüpfen.

Die Tierdarstellungen

Die Darstellungen sollten in soweit naturalistisch sein, dass
die verschiedenen Tierarten erkennbar sind und die besondere Situation in der rettenden Arche nachvollziehbar werden kann. Die ursprüngliche Absicht, die Tiere im Maßstab
1:1 abzubilden, wurde bald durchbrochen, um kleine Tiere
wie zum Beispiel Insekten und Kleintiere hervorzuheben und
nicht völlig von großen Tieren optisch dominieren zu lassen.

Abgesehen von Haustieren und Tieren auf Weiden und in Ställen begegnen wir heutzutage vielen Tierarten nur noch im Zoo. Unser Bild von Tieren ist heute maßgeblich durch die Medien geprägt. Wir hatten als Anregung eine Reihe von Büchern mit Tierbildern beschafft und bereit gestellt. Über diese Quellen hinaus haben die Schülerinnen und Schüler sehr bald auch das Internet (zum Beispiel Google-Bilder) als Anregung benutzt. Nicht selten suchten die Schüler mit ihren Handys nach Vorlagen. Die Abbildungen auf dem Handy sind allerdings vergleichsweise klein und qualitativ sehr unterschiedlich. Umso mehr war das große Format der Bilder eine große Herausforderung für alle Beteiligten. Im Kunstunterricht dominiert normalerweise das DIN-A-3-Format. (Die Gesamtfläche der Wandbilder entspricht der Größe von ca. 1000 x DIN A 3).

Die Gestaltung der Wandflächen

Wenn die Schülerinnen und Schüler ein Tier malen, haben sie dabei zunächst das einzelne Tier im Fokus. Sie schauen auf Fotos in Lexika, auf Bilder aus dem Fundus von Google. Die Intentionen dieser Vorlagen wirken unterschwellig in ihren Bildern fort. Mit unseren Überarbeitungen versuchen wir die verschiedenen Charaktere und Ausdrucksweisen in das Ganze zu integrieren. Für unsere Arbeit kommen weitere Überlegungen hinzu:

Wie ergeht es den Tieren in der Arche? In der Enge der Arche sind sie völlig aus ihrem natürlichen Lebenszusammenhang herausgerissen. Dicht gedrängt werden die Tiere einander wohl bemerken. Berührungen sind kaum zu vermeiden. Einzelne kleine Tiere stehen auf großen. Die Arche ist weder ein Zoo noch ein Stall. In der rettenden Arche halten sich die Tiere und Noahs Familie notgedrungen auf. Alle harren aus, es ist eine besondere Art des Wartens.

Wir haben bei der Collage der Bilder unsere malerischen und zeichnerischen Erfahrungen eingebracht, Bilder der Schüler geschnitten und die Charakteristik der Tiere hervorgehoben. Durch unsere Collagen sollen die Einzeldarstellungen unauffällig zueinander in Beziehung gesetzt werden. Als Betrachter denken wir zum Beispiel an die Dominanz großer oder wilder Tiere. Leitgedanke ist die Schaffung von interessanten Kompositionen und die Herstellung einer passenden Stimmung.

Die Perspektive

Die Größe der Wandflächen ist eine besondere Aufgabe. Wir sind beim Malen oder Betrachten von Bildern an die Zentralperspektive und einen Horizont gewöhnt. Die in den Texten (z.B. Bibel, Koran, Thora, Gilgamesch-Epos) beschriebenen Hinweise zum Bau der Arche haben uns dazu angeregt, Elemente des Aufbaus der Arche anzudeuten: Decks, Balken, Böden, Spanten... . Diese Elemente ermöglichen uns, die vielen Tiere in verschiedenen Perspektiven gleichzeitig zu zeigen. Dabei folgt die Collage nicht immer der räumlichen Logik, zumal die Tierbilder jedes für sich erstellt wurden, einen jeweils speziellen Sichtwinkel beinhalten und zum Beispiel die Perspektive des Fotografen übernehmen.

Mit unseren Skizzen und Bildern in kleineren Formaten haben wir Bildlösungen ausprobiert und durchgespielt, die später in den großen Collagen aufgegriffen wurden (siehe Skizzen und Radierungen). Inhaltlich ist die Geschichte der Sintflut und der Arche ein ergiebiges künstlerisches Thema, das uns sehr angeregt hat.

Eine symbolische Darstellung

Die Zustände in der Arche sind schwer vorstellbar. Dass unser Arrangement zum Teil unwirklich erscheint, ist da nur angemessen. So naturalistisch und detailreich einige der Tierbilder erscheinen, so ist unsere Präsentation insgesamt eher sinnbildlich gemeint, wie auch das Kirchenschiff der ehemaligen Kapelle für die Arche als Rettungsschiff steht. Die vernichtende Sintflut muss sich der Betrachter dazu denken, so wie auch der Zweig mit den Olivenblättern im Schnabel der Taube oder der Regenbogen symbolisch gemeint sind. Dass die Olivenblätter farbig sind, ist kein Zufall.

Beth Adams-Ray und Florian Söll (Oktober 2019)

... bis zur Präsentation

In
Noahs
Arche

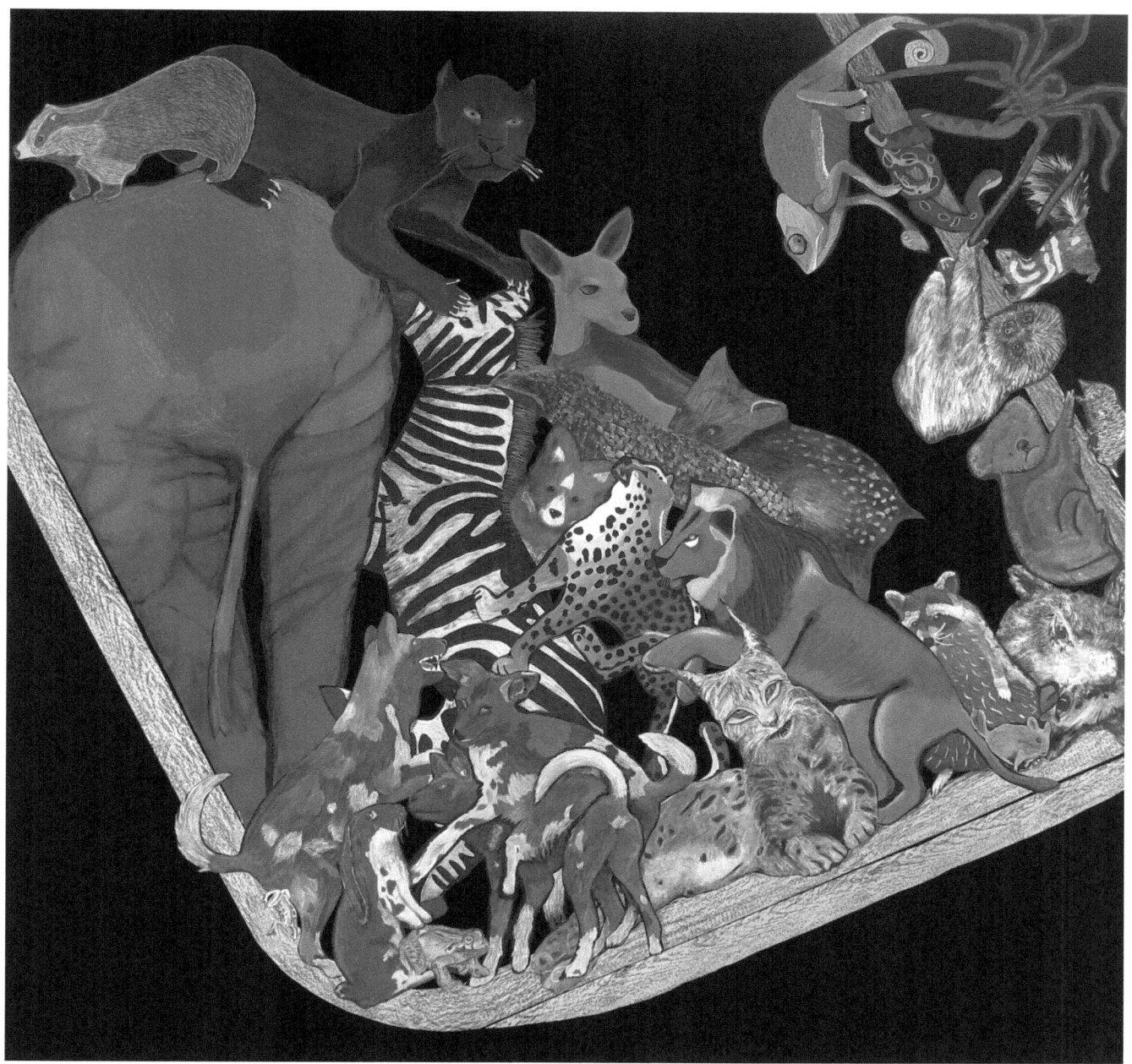

Dr. Lisanne Wepler

Artenvielfalt in der Arche Noah als

Die uralte Geschichte der Arche Noah ist aktueller denn je.[1]
Ein Blick in die Nachrichten macht dies deutlich: unsere
Konsumgier verschwendet die Ressourcen unserer Erde
immer schneller; schon im Juli dieses Jahres war der Punkt
erreicht, an dem wir in 2019 mehr verbraucht haben, als
nachwachsen kann.[2] Das ewige Eis schmilzt, die Meere sind
voller Plastik, die Wälder brennen. Neben den Monokulturen
sind dies die Rahmenbedingungen für den dramatischen
Rückgang der Artenvielfalt. Wie erstarrt sehen wir alles dies
und handeln doch zu wenig, obwohl alle Zeichen darauf hin-
deuten, dass wir auf eine ökologische Katastrophe hinsteu-
ern. Was kann dann die Kunst überhaupt noch ausrichten?
Immer wieder sich der Brennpunkte annehmen, sie präsentieren und den Blick schärfen. Und vor allem: zum Handeln
motivieren.

Beth Adams-Ray und Florian Söll haben gemeinsam mit
Schülerinnen und Schülern der Gesamtschule Waltrop die
Arche Noah als Leitmotiv für ein Kunstprojekt gewählt. Die-
ses entwickelte sich über ein ganzes Jahr, welches die beiden
Künstler als Stadtmaler von Waltrop frei gestalten durften.
Sie bewegen sich mit ihrer Themenwahl in einer überaus
reichen kunsthistorischen Tradition.

Abb. 1

Innerhalb der Darstellungen rund um die Geschichte der
Arche Noah kristallisieren sich drei Schwerpunkte heraus.
Zum einen können diese auf dem Bau bzw. der Arche selbst
liegen. Dies ist z. B. der Fall bei einem Gemälde von Jacopo
Bassano (Abb. 1). Während noch Tischlerarbeiten zu verrich-
ten sind, bringt Noah im Hintergrund Bretter an das Schiff
und tummeln sich bereits einige Haustiere im handwerklich
geschäftigen Chaos.[3] Eine sehr spezielle Form der Arche
und ein besonders frühes Beispiel hat Hans Baldung Grien,
Dürers berühmtester Schüler, gemalt (Abb. 2).

1   S. z. B. Bibel: Genesis 7: 13–16, Koran: Sure 11, Atra asis-Epos, Tafel 3, I,
Verse 22 bis 55, Gilgamesch-Epos Tafel XI, Quelle: https://de.wikipedia.org/
wiki/Arche_Noah#Tora (Zugriff 27.8.2019)

2   https://www.overshootday.org/ (Zugriff 27.8.2019)

3   Sehr einflussreich in der bildenden Kunst waren die Fresken von Raf-
fael zum Thema Bau der Arche Noah sowie die Ausschiffung (1483-1520)
in den Loggien des Vatikans zu sehen.

künstlerische Herausforderung

Wie eine rot-goldenes Schmuckkästchen, unmöglich als schwimmendes Objekt zu erkennen, wankt die Arche in der Bildmitte. Eisernes Schlagwerk an der Außenseite und ein Schloss machen mehr als deutlich: wer jetzt noch draußen ist, der bleibt es auch. An der Arche versuchen die Ertrinkenden fast vergeblich, Halt zu finden, über ihr strahlt sie

das Licht Gottes aus düsteren Wolken an, um sie herum die schäumende See mit verzweifelten Menschenmassen. Hier und da entdeckt man auch Tiere im Wasser.

Die Bildidee von Baldung Grien ergibt sich aus der Kombination des ersten Konzepts mit einem zweiten, das die Dramatik des Geschehens unmittelbar vor Augen führt. Hier steht die Katastrophensituation zentral; der Zorn Gottes, die Nichtigkeit des Menschen und die Urgewalt der Elemente bestimmen den Bildklang. Der flämische Marinemaler Bonaventura Peeters legt den Ausdruck seines Kunstwerks ganz auf das Wüten zwischen dem Himmel und den Fluten, auf die Strafe, die die sündige Menschheit dahinraffen soll – alle bis auf Noah und dessen Familie, die im Hintergrund in ihrer Arche schon auf den Berg Ararat gespült worden sind (Abb. 3). Peeters lässt dem Betrachter gedanklichen Freiraum, sich die Leichen im tosenden Meer vorzustellen. Die dramatische Lichtführung über dem aufgepeitschten Wasser und

Abb. 2

Abb. 3

Die Autorin:

Dr. Lisanne Wepler arbeitet derzeit (2016–2020) an der Universität Leiden an einem Forschungsprojekt zur Äsopischen Fabel.Sie widmet sich als Kunsthistorikerin den gemalten Tierfabeldarstellungen und schreibt an einem Buch über Fabelserien vom 17. bis zum 21. Jahrhundert.

Davor hat sie zwei Jahre von 2013–2015 am Herzog Anton Ulrich-Museum in Braunschweig als wissenschaftliche Volontärin gearbeitet und war u. a. mit der Organisation einer Ausstellung, der Redaktion eines Buches zur Sammeltätigkeit Herzog Anton Ulrichs und der Digitalisierung von Tier- und Pflanzenzeichnungen im Kupferstichkabinett beschäftigt.

2014 ist ihre Dissertation „Bilderzählungen in der Vogelmalerei des niederländischen Barocks" im Imhof-Verlag (Petersberg) erschienen. Die Promotion hat sie in Bonn abgeschlossen, ihr Studium der Kunstgeschichte und Germanistik (Magistra artium) in Kassel.

das Heraustaken von Tannenbäumen zusammen mit dem Arche-typischen Schiff im Hintergrund genügen, um die biblische Geschichte zu antizipieren.

Bei den beiden ersten Konzepten der Arche-Noah-Ikonographie sind Tiere eher Beiwerk, wenn sie überhaupt dargestellt sind; doch als Hauptakteure bestimmen sie die dritte künstlerische Lösung. Ein Thema wie dieses ist wie geschaffen dafür, sämtliche Tierklassen (z. B. Säugetiere), Ordnungen (z. B. Fledertiere) und Familien (z. B. Flughunde), wenn nicht sogar Gattungen (z. B. Uhus) darzustellen und damit eine Art Spiegel des jeweils aktuellen Wissens um die Tierwelt zu präsentieren. Die ersten wirklich nachvollziehbaren und quantitativ überbordenden Tierversammlungen um eine Arche entstehen Mitte des 16. Jahrhunderts in der bildenden Kunst, in der auch die naturwissenschaftlichen Bücher[4] populär und in Künstlerkreisen als Vorlagen verwendet werden. Hand in Hand geht diese Entwicklung mit den Übersee-Reisen[5] nach Amerika und Asien, wo nicht nur fremdartige Gewürze, erlesene Stoffe, feinstes Porzellan und andere Luxusgüter gehandelt, sondern auch exotische Tiere verschifft wurden. Für die Fürstenhöfe Europas war der Besitz weither gereister Tiere Zeichen ihrer Macht, es gehörte

---

4   Am bedeutendsten war hier das 4 Bände umfassende zoologische Werk „Historia animalium", Zürich 1551–1558 des Schweizers Conrad Gessner (1516–1565).

5   Im 17. Jahrhundert erschienen viele illustrierte Reiseberichte. Jenes von Johan Nieuhof war besonders vorbildlich für alle, die danach kamen: Johan Nieuhof: „Het gezantschap der Neêrlandtsche Oost-Indische Compagnie [...]", Amsterdam 1665. Eine Übersicht zu den deutschen Reisenden im 17. Jahrhundert bietet Wolfgang Michel: „Der Ost-Indischen und angrenzenden Königreiche vornehmste Seltenheiten betreffende kurze Erläuterung : neue Funde zum Leben und Werk des Leipziger Chirurgen und Handelsmanns
Caspar Schamberger (1623–1706)", Fukuoka 2010.

zum guten Ton, sich eine eigene Menagerie zu halten. Auch machte man sich Geschenke in Form von wertvollen Tieren – die oft genug mehr tot als lebendig ihren Bestimmungsort erreichten.[6] Hinzu kam die fehlende Erfahrung im Umgang, in der Haltung und der Fütterung der Exoten, sodass diese schneller starben als erwünscht war und somit ständig Nachfrage herrschte. Tiere zu präparieren war noch nicht besonders weit entwickelt, so stellte sich die Malerei als eine der wenigen Möglichkeiten heraus, durch ein Abbild das Tier am Leben zu erhalten.

Noch wesentlicher für die Arche-Noah Darstellungen ist jedoch nicht das individuelle, einzelne Tier, sondern das Zusammentreffen unterschiedlichster Tierfamilien, die sich entweder auf die Arche zubewegen oder aus ihr herausgehen. Dabei kann sich mal mehr, mal weniger Interaktion entwickeln. Die Streitereien sind eigentlich vorprogrammiert, allerdings geht es in den frühen gemalten Beispielen des 16. Jahrhunderts noch relativ gesittet zu. Der Zustand ist paradiesähnlich und wohlgeordnet (Vgl. Abb. 4). Erst am Ende der langen Reise besinnen sich die Tiere, wer Jäger und wer Beute ist und alte Antipathien brechen wieder hervor, sobald die Tatze/Kralle/Klaue die sichere Rampe der Arche verlassen hat (Abb. 5).[7]

Abb. 4

Abb. 5

6   S. zur Haltung der Tiere in Menagerien: Lothar Dittrich: „Der Import von Wildtieren Nach Europa. Einfuhren von Der Frühen Neuzeit Bis Zur Mitte Des
20. Jahrhunderts", in: Tiere unterwegs. Historisches und aktuelles über Tiererwerb und Tiertransporte, Helmut Pechlaner, Dagmar Schratter, Gerhard Heindl (Hg.), Wien 2007, S. 1–63.

7   S. den ausführlichen Artikel zu diesem Phänomen und den grafischen Vorlagen für die einzelnen Tiere und Tiergruppen: Paul J. Smith: „Art et science: le défilé des animaux dans „L´Arche de Noé sur le Mont Ararat", peinture de Simon De Myle (1570)", in: La pensée sérielle, du Moyen Age aux Lumière, Anne-Marie De Gendt, Alicia C. Montoya (Hg.), Leiden 2019, S. 194–217

Abb. 6

Meisterhaft „Narratiere" (narrative Tiere = erzählerisch gestaltetes Zusammentreffen von Tieren) darstellen konnte im 17. Jahrhundert Melchior de Hondecoeter. In der Darstellung der Arche Noah, die weit im Hintergrund schon auf dem Berg Ararat strandete, ist die Anspannung unter den Tieren deutlich zu spüren. Kronenkranich und Hahn im Vordergrund lassen keinen Zweifel daran, dass sie einander nicht wohl gesonnen sind. Auch das Rebhuhn hat Streit mit dem zweiten Kronenkranich[8], daneben kläfft ein kleiner Schoßhund zum Betrachter. Im Baum rechts echauffiert sich ein Eichhörnchen über zwei Rosenkopfloris und wird seinerseits von einem Seidenschwanz beschimpft. Ganz gelassen

---

8 Männchen und Weibchen haben das gleiche Federkleid.

jedoch sehen die Schafe dem Treiben zu. Weiter im Hintergrund sind ebenfalls Tiere paarweise angeordnet, während die Luft von Vögeln schwirrt (Abb. 6).

Beth Adams-Ray und Florian Söll haben einen Ausschnitt zwischen den beiden Erzählmomenten der Arche-Noah Geschichte gewählt, die Anfangs- und Endpunkt der Reise bestimmen. Damit verbildlichen sie eine Situation, die in der Kunstgeschichte bislang noch nicht dargestellt wurde. Sie versetzen den Betrachter mitten in den düsteren Bauch des riesigen Rettungsschiffes, mitten ins Gedränge der Tiere. Es ist heiß und stickig, eng und unheimlich. In stark changierenden Grautönen gemalt und auf schwarzen Stoff geklebt imaginieren sie das wenige Licht, das durch die Planken schimmert. Bei der Umsetzung von Fotos durch die beiden Kunstschaffenden und die Schüler*innen wurden bewusst Effekte vermieden, die Tiere auf ihre Niedlichkeit reduzieren. Stattdessen lag das Interesse an der schieren Präsenz jedes einzelnen Wesens und an der Interaktion, die aufgrund der Enge nicht ausbleiben kann. Die Tiere sind in einer Art undefinierbarem Zustand präsentiert, sie warten ab, harren aus. Man fragt sich unwillkürlich, ob sie sich ihrer Zukunft bewusst sind? Oder haben sie eine Art Urvertrauen? Für den Betrachter eröffnet sich vielmehr die unerträgliche Ungewissheit, was da wohl kommen mag, indem ein Zustand vor Augen geführt wird, der zwischen allem, was war und dem, was sein wird, schwebt. Und damit wird das traditionelle biblische Thema in die heutige Zeit transferiert. Einen symbolischen Hoffnungsschimmer haben die Künstler*innen im Getümmel der Tiere versteckt: die weiße Taube trägt einen farbigen Olivenzweig im Schnabel und verkündet damit, dass die Fluten abgesunken sind. Nach 204 Tagen gemeinsam auf dem Schiff ist die Reise zu Ende und die Besiedlung beginnt von Neuem.

Abbildungen:

1. Jacopo Bassano (ca. 1510/15–1592): Die Erbauung der Arche Noah, Musée des beaux-arts de Marseille, © Privatarchiv der Autorin

2. Hans Baldung Grien (1484/85–1545): Die Sintflut, 1516, Bayerische Staatsgalerie, Neue Residenz, Bamberg, © Privatarchiv der Autorin

3. Bonaventura Peeters d. Ä. (1614–1652): Die Sintflut mit der Arche Noah auf dem Berg Ararat (Genesis 8), Privatsammlung, © Privatarchiv der Autorin

4. Jacopo Bassano (ca. 1510/15–1592): Die Tiere betreten Noahs Arche, Museo del Prado Madrid, © Museo del Prado Madrid

5. Simone de Myle: Die Arche Noah auf dem Berg Ararat, 1570, Privatsammlung, © Privatarchiv der Autorin

6. Melchior de Hondecoeter (1636–1695): Tiere vor der Arche Noah, Herzog Anton Ulrich-Museum Braunschweig, © Herzog Anton Ulrich-Museum Braunschweig

Florian Söll

Die Erzählung von der Sintflut deuten

Die alte Erzählung von der Sintflut, der Arche und Noah war ein Ausgangspunkt für unsere Ideen zur Gestaltung der großen Collagen. In unseren Köpfen hat diese Geschichte bildhafte Vorstellungen entstehen lassen. Diese sind geprägt vom Wortlaut der überlieferten Texte. Da es so viele Tierarten gibt, denkt man z. B. daran, dass es sehr eng in der Arche gewesen sein muss. Es ist nur von wenigen Luken in der Arche die Rede, also war es wohl dunkel im Inneren. Für die Ausgestaltung unserer Bilder waren solche Überlegungen hilfreich.

Wenn man auf diese Weise weiter denkt und eng an den Texten bleibt, sie wie ein Protokoll liest, drängen sich schreckliche Bilder der Vernichtung auf.

Wie sind diese uralten Texte zu verstehen? Als chronologischer Bericht von Strafe, Vernichtung und Rettung? Um solchen Fragen nachzugehen, haben wir Thorsten Dietz, Professor für Systematische Theologie an der Evangelischen Hochschule in Marburg, in die Ausstellung eingeladen, um die theologischen Deutungen der alten Texte zu erläutern. (Vortrag am 11.11.2019 im Kulturforum Kapelle)

Wir zitieren (gekürzt) einige seiner Überlegungen zur Deutung der Texte aus einem seiner Bücher. (Dietz 2019)

Schon während der Arbeit an unseren Collagen wurden wir ständig an die aktuellen Bedrohungen erinnert. Die Bilder zeigen die große Vielfalt der Tierwelt. Die Medien berichten uns regelmäßig vom Artensterben, von weniger Insekten und Vögeln.

„... Die Sintflut gehört zu den großen Erzählungen der altorientalischen Antike. Das Gilgamesch-Epos oder Atra-Hasis waren im kulturellen Raum des Alten Orients weit verbreitet. (...) Wer sich mit diesen Geschichten beschäftigt, bemerkt verblüffende Parallelen. Auch in den orientalischen Erzählungen steht am Anfang ein göttlicher Beschluss zur Vernichtung der Menschheit. Sodann wird ein Mensch mit seiner Familie erwählt, diese Katastrophe zu überleben. In den altorientalischen Sagen wird berichtet, wie er den Auftrag erhält, ein rettendes Schiff zu bauen, das wie in der Bibel mit Pech versiegelt wird. Das Kommen und Gehen der Flut wird geschildert, ebenso auch das Detail der mehrfachen Aussendung der Vögel, bis sie einen Landeplatz finden. Schließlich enden auch diese Geschichten mit einem Opfer der Geretteten und der gnädigen Zuwendung der Götter.

Als die Geschichte in Israel aufgeschrieben wurde, lasen und hörten die Menschen diese Erzählung von vorneherein als eine Variante einer in der gesamten Umwelt bekannten Geschichte. Nirgendwo lässt sich dabei ein Hinweis erkennen, dass die biblischen Autoren die altorientalische Erzählung historisch korrigieren wollten, etwa in dem Sinn, dass der Überlebende nicht Utnapischtim, sondern Noah hieß. In den inhaltlichen Details ist die Anlehnung an die traditionelle Erzählweise sehr eng. Die Unterschiede liegen im Gottesbild und im Menschenbild. ...

Israel hat es mit dem einen Gott zu tun. Was uns selbstverständlich erscheint, ist die eigentliche Herausforderung der Geschichte. In den orientalischen Varianten sind es verschiedene Götter, die zerstören oder retten. In einer Welt der vielen Götter stellen sich nicht so schwere Fragen wie: Kann ein guter und gerechter Gott Leid zulassen? Israel hat kein Pantheon mit eifersüchtigen Gottheiten, keine Aufspaltung der Welt in Schutzgötter und gefährliche Gottheiten. Dass der eine Gott zerstört und erhält, tötet und segnet, lässt sich nicht so einfach nachvollziehen. Ja, das ist abgründig. Gerade an dieser Stelle argumentiert der Text nicht lange. Diese Spannung ist die Folge der Erkenntnis eines Gottes. Sehen wir näher hin: Der biblische Text erzählt nicht einfach von einer göttlichen Strafaktion. Es geht um mehr. Warum kommt es zur Tötung der Tiere, zur Auslöschung allen Lebens? Es geht um nicht weniger als um die Rücknahme der Schöpfung. Das Projekt Menschheit steht auf der Kippe – und es ist Gottes Schmerz, Gottes Betrübnis, das so sehen zu müssen: „Da reute es den Herren, dass er die Menschen gemacht hatte auf Erden, und es bekümmerte ihn in seinem Herzen" (Gen 6,6).

Es gehört zum Wesen von Erzähltexten, Raum zu geben für Fragen. Häufig wurde in der Geschichte der Religionskritik gesagt: Wenn Gott den Menschen Freiheit gibt, weil er möchte, dass sie nicht gezwungen lieben, sondern von Herzen, dann nimmt er auch das Risiko des Bösen in Kauf. Gottes Güte, seine Allmacht, die menschliche Freiheit und das Böse: Das passt einfach nicht zusammen. Nun ja: Vielleicht ist es genau dieses Dilemma, das hier erzählt wird. Die Schöpfung der Menschheit ist eine großartige und gleichzeitig unmögliche Idee.

Darum macht Gott sie rückgängig. So wird es erzählt, denn dieses Problem hat ungeheures Gewicht. Keine Theologie kann dieses Dilemma einfach wegerklären. An diesem Problem darf jeder leiden. Und dann erzählt die Bibel einfach weiter, ohne Rechtfertigung oder Entschuldigung. Gott ändert seine Pläne. Aus der Rücknahme der Schöpfung wird der Neuanfang. Für viele Christen liegt darin ein anstößiger Gedanke. Ist es nicht der Inbegriff der Unvollkommenheit, sein Tun bereuen zu müssen? Die biblischen Autoren haben mit dieser Frage intensiv gerungen. Häufig ist von Gottes Reue die Rede. .... Gott ist der lebendige Gott inmitten der Wandlungen der Geschichte. Er nimmt seine Schöpfung zurück, beinahe; denn Noah steht dafür, dass er dies ja doch nicht tut. Und dieser ersten Reue Gottes über seine Schöpfung folgt eine zweite Reue: Nie wieder will Gott eine Sintflut kommen lassen. ...

Wir benötigen an dieser Stelle wieder einmal die Einsicht, dass alles, was wir von Gott sagen, mit den Denkmitteln unserer Menschenwelt formuliert ist. Alle Rede über Gott ist zeichenhaft vermittelt, ist analog, nicht direkt „buchstäblich wahr", sondern in einem übertragenen Sinne."

(Thorsten Dietz: Weiterglauben. Brendow-Verlag, Moers 2019, S. 111-114)

Auf den übervollen Flüchtlingsbooten drängen sich die Menschen und erinnern an die Enge in der Arche. Die Veränderungen des Klimas lässt den Meeresspiegel steigen. Stürme, Fluten, Überschwemmungen vernichten ganze Landstriche.

Augenfällig ist dabei ein wesentlicher Unterschied: Diese Entwicklungen, das belegen zahlreiche Indizien, sind von Menschen herbeigeführt. Die industriell genutzte Natur, die umfassende Technisierung von Mobilität, die ungebremste Nutzung fossiler Brennstoffe, ein gierig auf Gewinne ausgerichtetes Wirtschaftswachstum .... all das greift unsere Lebensgrundlagen an, droht die Biosphäre zu vernichten. Doch: Für diese riesige Bedrohung gibt es kein Rettungsschiff.

Spätestens hier stoßen wir auf die Grenzen unserer Darstellung. Wir zeigen wie die Tiere in der Arche ausharren, auf Rettung hoffen. Ein solches Auswarten ist in der aktuellen Situation nicht angebracht. Es gilt unser Denken und Verhalten zu überprüfen und anders mit unseren Lebensgrundlagen umzugehen.

Florian Söll

Beth Adams-Ray & Florian Söll

Skizzen und Radierungen

Die Idee und das Konzept zu diesem Projekt stammen von uns. Neben der Umsetzung des Vorhabens mit den Schülerinnen und Schülern der Gesamtschule haben wir uns in verschiedenen Bereichen künstlerisch mit dem Thema befasst.

- Für die großen Collagen haben wir selbst immer wieder zum Stift, Pinsel und Kreide gegriffen, um die unterschiedlichen Schülerarbeiten zu integrieren und um eigene Tierdarstellungen zu ergänzen. Wir haben Schatten verstärkt, Lichter aufgesetzt und uns ausgiebig mit der Komposition des Ganzen befasst.

- Um die Kompositionen zu variieren und steuern zu können, haben wir immer wieder Entwürfe gezeichnet.

- Die Sommerpause in der Schule haben wir genutzt, um – weg vom großen Format der Wandflächen – uns kleinformatig dem Thema zu nähern. So sind in unserem Atelier in Schweden eine Reihe kleiner Radierungen (teils auf Rhenalon, z.T. auf Zink) entstanden.

- Daneben malten wir auch Skizzen mit Ölfarben (auf Karton/Leinwand).

Diese kleinen Arbeiten verdeutlichen inhaltlich folgende Aspekte:

- Die Radierungen von Beth Adams-Ray schenken den kleinen Tieren genauso viel Aufmerksamkeit wie den großen.

- Wir haben bei diesem Projekt bewusst an den Arbeiten des mittelalterlichen Kirchenmalers Albertus Pictor angeknüpft, der in der Umgebung unseres Ateliers etliche Kirchen mit biblischen Geschichten ausgemalt hat. (vgl. https://de.wikipedia.org/wiki/Albertus_Pictor) Florian Sölls Radierungen zitieren seine Tierdarstellungen.

- Die Ölskizzen loten aus, wie die bedrohliche und vernichtende Situation der Sintflut in den Bildern gezeigt werden kann.

Die Erfahrungen aus den kleinen Skizzen und Bildern sind anschließend in unsere Collagen eingeflossen.

In Noahs Arche

Zahlen, Daten und Fakten

Projektzeitraum

(Von der Idee bis zur ersten Präsentation):
November 2018 – November 2019

Beteiligte

Mit Tierdarstellungen haben sich über 300 Schülerinnen und Schüler der Gesamtschule Waltrop aktiv an dem Projekt beteiligt. (Die Namen aller Beteiligten Schülerinnen und Schüler finden Sie im Reader der Gesamtschule)

Involvierte Kunstlehrerinnen und Kunstlehrer, die sowohl die Klassen betreut haben, als auch mit eigenen Tierdarstellungen beteiligt sind: M. Bianconi, S. Breimann, S. Klein, K. Kuhr, M. Ogiermann, B. Rüsing, A. Schiffgens, A. Souissi, M. Teschner

„Special guests" (die mit einzelnen Tierdarstellungen vertreten sind bzw. uns praktisch bei den Collagen unterstützt haben): B. Kleibrink, L. Kleibrink, S. Jankowski, V. Esau, A. Schrickel,

Praktische Unterstützung G. Karthaus, H. Kechine, A. Seme, C. Wolff

Projektleitung von Seiten der Gesamtschule: Silvia Klein

Die Stadtmaler 2019: Beth Adams-Ray und Florian Söll

Sponsoren und Kooperationspartner

Ministerium für Kultur und Wissenschaft des Landes Nordrhein-Westfalen, Sparkasse Vest Recklinghausen, Volkshochschule Waltrop, Demokratie Leben, Verein Pro Kapelle e.V., Waltrop.

Weitere Präsentationen der Ausstellung wurden unterstützt von der Stadt Gelsenkirchen, dem KulturPott.Ruhr e.V. und der Bezirksregierung Münster (Gesamtschulen, Dezernat 47.6).

Materialien

Trägerstoff für die Collagen: schwarzer Bühnenmolton
300 cm breit, 300g, (Brandklasse B 1)

Papier (Rolle/ Bögen), Flammhemmend

Farben: Deckfarben, Wachsmalkreiden, schwarze Tusche

Licht: cultur-live, Waltrop

Ergebnisse

12 große Wandflächen mit insgesamt über 100 qm.

Darüber hinaus ca. 50 Tierdarstellungen, die in der Gesamtschule in einem Flur präsentiert werden

20 Grafiken und Bilder (Radierungen, Skizzen, Ölbilder) der
beiden Stadtmaler (s. Verzeichnis der Abbildungen S. 48)

Reader der Gesamtschule Waltrop mit Texten und Fotos zum
Projekt. Redaktion: A. Fuhrmann und U. Waterkamp

Autorinnen und Autoren des Katalogs

Adams-Ray, Beth, Stadtmalerin (www.beth-adams-ray.eu)
Klein, Silvia, Projektleiterin (www.ge-waltrop.de)
Brigitta Blömeke, Kunstschule Gelsenkirchen
Ogiermann, Michael, Initiator des Stadtmalerprojekts
Söll, Florian, Stadtmaler (www.florian-soell.de)

Wepler, Lisanne, Kunsthistorikerin, Leiden (NL)

Verzeichnis der Abbildungen

Seite	Titel	Technik	Größe (cm)	Künstler
10	Die Kapelle	Filzstift	19 x 19	Silvia Klein
11 o.	Skizze für Collage	Kugelschreiber	19 x 16	Florian Söll
11 mi.	Skizze für Collage	Filzer und Bleistift	21 x 21	Florian Söll
11 u.	Skizze für Collage	Filzstift	40 x 19	Florian Söll
12	Auf dem Weg in die Arche	Kaltnadelradierung	15 x 11	Beth Adams-Ray
13 o.	Skizze für Collage	Filzstift	21 x 21	Florian Söll
13 mi.	Oberdeck und Unterdeck	Kaltnadelradierung	15 x 11	Söll / Adams-Ray
13 u.	Auf dem Weg	Kaltnadelradierung	15 x 11	Beth Adams-Ray
14	In der Arche im Sturm	Kugelschreiber	21 x 19	Florian Söll
16	Skizze der angestrebten Gestaltung	Filzstift	19 x 19	S. Klein / F. Söll
20	In der Arche	Collage	200 x 300	Verschiedene Künstler
21	In der Arche	Collage	300 x 300	Verschiedene Künstler
22	In der Arche	Tusche Kreide/auf Papier	289 x 300	Florian Söll
23	In der Arche	Collage	300 x 300	Verschiedene Künstler
24	In der Arche	Tusche Kreide/auf Papier	289 x 300	Florian Söll
25	In der Arche	Collage	300 x 300	Verschiedene Künstler
26–27	In der Arche	Collage	300 x 300	Verschiedene Künstler
28–29	In der Arche	Collage	300 x 300	Verschiedene Künstler
30	In der Arche	Collage	160 x 300	Verschiedene Künstler
31	In der Arche	Collage	300 x 300	Verschiedene Künstler
32–36	Historische Abbildungen	Liste siehe Seite 37		
42 o.	Insektenpaare auf dem Weg in die Arche	Radierung (auf Zink)	5 x 5	Beth Adams-Ray
42 u.	Tiere auf dem Weg in die Arche	Kaltnadelradierung	15 x 11	Beth Adams-Ray
43 o.	Albertus Pictors Tiere in der Arche	Kaltnadelradierung	15 x 11	Florian Söll
43 u.	Albertus Pictors Tiere in der Arche	Kaltnadelradierung	21 x 15	Florian Söll
44	In der Arche im Sturm	Öl auf Leinwand	40 x 50	Florian Söll
45	In der Arche (Skizze zur Veranschaulichung der angestrebten Collagen)	Mischtechnik	55 x 41	Florian Söll

Fotos S. 8: Oliver Kleibrink, S.17–19: Florian Söll